MAX LUCADO

Dias Melhores Virão

Como curar a dor e reconquistar a esperança quando nada parece dar certo

Tradução de
Valéria Lamim Delgado Fernandes

THOMAS NELSON BRASIL

Rio de Janeiro
2007

Título original
For these tough times

Supervisão editorial Nataniel dos Santos Gomes

Assistente editorial Clarisse de Athayde Costa Cintra

Tradução Valéria Lamim Delgado Fernandes

Capa Valter Botosso Jr.

Copidesque Sílvia Rebello

Revisão Margarida Seltmann / Magda de Oliveira Carlos

Projeto gráfico e diagramação Julio Fado

CIP-BRASIL. CATALOGAÇÃO-NA-FONTE
SINDICATO NACIONAL DOS EDITORES DE LIVROS, RJ

L965d

Lucado, Max, 1955 –
Dias melhores virão: como curar a dor e reconquistar a esperança quando nada parece dar certo / Max Lucado; [tradução Valéria Lamim Delgado Fernandes]. – Rio de Janeiro: Thomas Nelson Brasil, 2007.
Tradução de: For These Tough Times
Inclui bibliografia

ISBN 978-85-6030-336-6

1. Consolação. 2. Vida espiritual. I. Título

07-639 CDD: 248.86

CDD: 248.1

Rua Nova Jerusalém, 345 – Bonsucesso
Rio de Janeiro – RJ – CEP 21402-325
Tel.: (21) 3882-8200 Fax: (21) 3882-8212 / 3882-8313
www.thomasnelson.com.br

Para Doug Kostowski, *que é alguém importante.*

SUMÁRIO

INTRODUÇÃO

Quando os fundamentos estão sendo destruídos

"O que pode fazer a pessoa honesta quando as leis e os bons costumes são desprezados?"
O SENHOR Deus está no seu santo Templo; o seu trono está no céu.
Ele vê todas as pessoas e sabe o que elas *fazem.*

Salmo 11:3,4
(Nova Tradução na Linguagem de Hoje)

A pergunta de Davi não é nossa também? — Quando os fundamentos estão sendo destruídos, que pode fazer o justo? Quando a doença ataca, quando o casamento acaba, quando os filhos sofrem e quando a morte nos assalta, o que devemos fazer?

Curiosamente, Davi não responde à sua pergunta com uma resposta, mas com uma declaração: "O SENHOR Deus está no seu santo Templo; o seu trono está no céu."

Sua intenção é inconfundível: Deus não muda por causa de nossas tempestades. Ele não recua diante de nossos problemas. Ele não se espanta com esses problemas. Ele está no seu santo templo. Ele está no seu trono nos céus.

Prédios podem cair, carreiras podem desmoronar, mas Deus, não. Destroços e escombros nunca o desanimaram. Deus sempre transformou a tragédia em triunfo.

Não foi isso que ele fez com José? Observe José na prisão no Egito — seus irmãos o venderam; a esposa de Potifar o entregou. Se o seu mundo está desabando, o mesmo aconteceu com José.

Ou considere Moisés, cuidando dos rebanhos no deserto. Era isso que ele pretendia fazer com sua vida? Dificilmente. Seu coração batia com o sangue judeu; sua paixão era liderar os escravos. Por que então Deus o deixou conduzindo ovelhas?

E Daniel. O que dizer de Daniel? Ele estava entre os mais brilhantes e melhores jovens de Israel, o que equivalia a ser um cadete de uma famosa academia militar ou estudante de uma faculdade de altíssimo nível. Mas ele e toda a sua geração foram levados de Jerusalém. A cidade estava destruída. O templo estava em ruínas.

José estava na prisão. Moisés estava no deserto. Daniel estava preso. Esses eram momentos tenebrosos. Quem poderia ver algo de bom neles? Quem poderia imaginar que a prisão de José era apenas um estímulo para transformá-lo no primeiro-ministro? Quem teria imaginado que Deus estava dando a Moisés um treinamento de quarenta anos no deserto por meio do qual ele lideraria o povo? E quem poderia ter imaginado que Daniel, o prisioneiro, logo seria o conselheiro do rei?

Deus faz coisas assim. Ele fez com José, com Moisés, com Daniel, e, principalmente, ele fez com Jesus.

Em nossos momentos mais difíceis, talvez vejamos o que os seguidores de Cristo viram na cruz. A inocência sacrificada. A bondade assassinada. A fortaleza dos céus atravessada. Mães choravam, o mal dançava e os apóstolos tinham de se perguntar: *O que pode fazer a pessoa honesta quando a lei e os bons costumes são desprezados?*

Deus respondeu à pergunta deles com uma declaração. Com o rumor da terra e o rolar da pedra, ele os fez se lembrar: "O SENHOR Deus está no seu santo Templo; o seu trono está no céu."

E, hoje, devemos lembrar que ele ainda está lá. Ele ainda está no seu templo, ainda está no seu trono, ainda está no controle. E ele ainda converte prisioneiros em príncipes, cativos em conselheiros, e transforma dias difíceis em tempos de descanso. O que ele fez em situações como essas, ele voltará a fazer.

Cabe a nós pedir que ele o faça.

Nestas páginas, faremos perguntas que nos afligem durante momentos difíceis: Quem é o nosso Deus? Onde está Deus em tudo isso? O bem pode resultar do mal? E a oração — será que Deus realmente está nos ouvindo? Enquanto examinamos juntos essas perguntas, oro para que a paz e o entendimento de Deus toquem o seu coração e tragam cura ao seu espírito.

Max Lucado

CAPÍTULO 1

ONDE ESTÁ DEUS?

Quando acontece uma tragédia, seja pessoal, nacional ou global, as pessoas se perguntam como Deus pôde permitir que tais coisas acontecessem. No que ele estava pensando? Ele realmente está no controle? Podemos confiar a condução do universo a alguém que permite *isso*?

É importante reconhecer que Deus habita uma esfera diferente. Ele ocupa outra dimensão. "Os meus pensamentos não são os pensamentos de vocês, nem os seus caminhos são os meus caminhos... Assim como os céus são mais altos do que a terra, também os meus caminhos são mais altos do que os seus caminhos, e os meus pensamentos, mais altos do que os seus pensamentos" (Isaías 55:8,9).

Dê uma atenção especial à comparação implícita. Os pensamentos de Deus não são os nossos pensamentos, nem são *como* os nossos. Nem estamos na mesma vizinhança. Estamos pensando: *preserve o corpo*; ele está pensando: *preserve a alma*. Sonhamos com um aumento de salário; ele sonha ressuscitar os mortos. Evitamos a dor e procuramos paz; Deus usa a dor para trazer paz. "Vou viver antes de morrer", decidimos; "Morra para que você possa viver", ele instrui. Gostamos do que enferruja; ele gosta do que dura. Alegramo-nos com nossos sucessos; ele se alegra com nossas confissões. Mostramos aos nossos filhos o astro da *Nike* exibindo um sorriso de um milhão de dólares e dizemos: "Seja como Ronaldo"; Deus aponta para o carpinteiro crucificado que tem os lábios manchados de sangue e um dos lados dilacerado e diz: "Seja como Cristo".

Nossos pensamentos não são como os pensamentos de Deus. Nossos caminhos não são como os seus caminhos. Ele tem uma agenda diferente. Habita uma outra dimensão; vive em outro plano.

> Os céus declaram a glória de Deus;
> o firmamento proclama a obra de suas mãos.
> Um dia fala disso a outro dia;
> uma noite o revela a outra noite.

Sem discurso nem palavras,
não se ouve a sua voz.
Mas a sua voz ressoa por toda a terra,
e as suas palavras, até os confins do mundo.
(Salmo 19:1-4)

A natureza é a oficina de Deus. O céu é o seu currículo. O universo é seu cartão de visita. Você quer saber quem é Deus? Veja o que ele fez. Você quer conhecer o poder de Deus? Dê uma olhada em sua criação. Está curioso para saber sobre a força de Deus? Faça uma visita à sua casa: avenida Um Bilhão de Estrelas do Céu. Quer saber qual é o tamanho de Deus? Saia à noite e olhe para a luz das estrelas emitida há um milhão de anos e depois leia *2 Crônicas 2:6*: "Quem é capaz de construir um templo para ele [Deus], visto que os céus não podem contê-lo, nem mesmo os mais altos céus?"

Ele não se contamina com a atmosfera do pecado,
não é controlado pela linha do tempo da história,
não é impedido pelo cansaço do corpo.

O que controla você não controla Deus. O que preocupa você não preocupa Deus. O que cansa você não cansa Deus. A águia se incomoda com o tráfego?

Não, ela voa acima dele. A baleia fica inquieta com um furacão? É claro que não; ela mergulha abaixo dele. O leão se agita com um rato no meio de seu caminho? Não, ele pisa no rato.

E quão mais Deus é capaz de voar acima e mergulhar abaixo de nossos problemas e pisar neles? "O que é impossível para o homem é possível para Deus" (veja Mateus 19:26). Nossas perguntas traem nosso entendimento:

Como Deus pode estar em todos os lugares ao mesmo tempo? (Quem diz que Deus está preso ao corpo?)

Como Deus pode ouvir todas as orações que chegam até ele? (Talvez os ouvidos de Deus sejam diferentes dos seus).

Como Deus pode ser o Pai, o Filho e o Espírito Santo? (É possível que o céu tenha um conjunto de leis físicas diferente do da terra?)

Se as pessoas aqui da terra não me perdoarem, até que ponto serei eu culpado diante de um Deus santo? (Oh, é exatamente o contrário. Deus sempre pode conceder graça quando nós, humanos, não podemos — foi ele quem a inventou.)

Como é vital que oremos munidos do conhecimento de que Deus está no céu. Oremos com uma convicção um pouco menor e nossas orações serão tímidas, superficiais e vazias. Erga os olhos, veja o que Deus fez e observe como suas orações são estimuladas.

Esse conhecimento nos dá confiança enquanto enfrentamos o futuro incerto. Sabemos que Deus está no controle do universo e, por isso, podemos descansar seguros. Mas também é importante o conhecimento de que este Deus que está no céu escolheu se inclinar para a terra para ver a nossa aflição e ouvir as nossas orações. Ele não está tão acima de nós a ponto de não ser tocado por nossas lágrimas.

Embora não possamos ver seu propósito ou seu plano, o Senhor do céu está no seu trono e no firme controle do universo e de nossa vida. Assim, nós lhe confiamos o nosso futuro. Nós lhe confiamos a nossa vida.

CAPÍTULO 2

O GRANDE AMOR DE DEUS

Seu canto fez com que aquilo acontecesse. Inicialmente, não notei; não havia motivos para que eu percebesse algo. As circunstâncias eram comuns: um pai buscava a filha de seis anos em uma reunião de escoteiras. Sara gosta da Associação de Escoteiros; ela gosta dos prêmios que ganha e do uniforme que usa. Ela entrou no carro e me mostrou seu novo distintivo e alguns biscoitos que haviam acabado de sair do forno. Virei a rua, coloquei sua música preferida e voltei minha atenção para questões mais complicadas que envolviam agendas e obrigações.

Mas, pouco depois de entrar no labirinto do pensamento, voltei. Sara estava cantando. Cantando sobre Deus. Cantando para Deus. Cabeça para trás, queixo levantado e pulmões cheios; ela enchia o carro de música. As harpas do céu pararam para ouvir.

Aquela é minha filha? Ela parece mais velha. Parece mais velha, mais alta e até mais bonita. Será que dormi e perdi alguma coisa? O que aconteceu com as bochechas gorduchas? O que aconteceu com o rostinho e os dedinhos grossos? Ela está se tornando uma jovem. Cabelos loiros caem sobre seus ombros. Os pés estão balançando sobre o banco. Em algum lugar, durante a noite, uma página foi virada e... — bem, olhe para ela!

Se você é pai ou mãe, sabe o que quero dizer. Ainda ontem, seu filho usava fraldas. Hoje, ele quer as chaves do carro? De repente, seu filho está na metade do caminho para ir para a faculdade e estão acabando suas chances de demonstrar seu amor por ele; e por isso você fala.

Foi o que fiz. A música parou, e Sara parou. Eu ejetei a fita, pus minha mão no ombro dela e disse:

— Sara, você é muito especial.

Ela se virou e sorriu de modo tolerante.

— Algum dia, um rapaz de pernas peludas vai

roubar seu coração e levá-la para o próximo século. Mas, neste momento, você é minha.

Ela inclinou a cabeça, olhou para fora por um minuto, depois olhou para mim novamente e perguntou:

— Pai, por que você está tão estranho?

Acho que essas palavras pareciam esquisitas para uma menina de seis anos. O amor de um pai ou de uma mãe soa estranho aos ouvidos de uma criança. Meu acesso de emoção estava além da compreensão de Sara; mas isso não me impediu de falar.

Não há como nossa mente pequena compreender o amor de Deus; mas isso não o impede de vir até nós.

E nós, também, inclinamos nossa cabeça. Como Sara, nos perguntamos o que o nosso Pai estava fazendo. Do berço em Belém à cruz em Jerusalém, pensamos no amor do nosso Pai. O que você pode dizer para esse tipo de emoção? Ao descobrir que Deus preferiria morrer a viver sem você, qual é a sua reação? Como você pode começar a explicar tal paixão? Se você fosse o apóstolo Paulo, não poderia. Você não faz afirmações; não dá explicações. Você faz algumas perguntas.

Essas perguntas não são novas para você. Você já as fez antes. À noite, você as fez; nos momentos de raiva, você as fez. O diagnóstico de um médico as trouxe à tona, assim como a decisão no tribunal, o telefonema do banco e as tragédias incompreensíveis que ocorrem em nosso mundo. As perguntas são exames da dor, do problema e da circunstância. Não, as perguntas não são coisas novas, mas talvez as respostas sejam.

> Se Deus é por nós, quem será contra nós?
> (Romanos 8:31)

A pergunta não é simplesmente: "Quem será contra nós?" Você poderia responder a essa pergunta. Quem é contra você? A doença, a inflação, a corrupção, a exaustão. As calamidades confrontam e os medos aprisionam. Se a pergunta de Paulo fosse: "Quem será contra nós?", poderíamos listar nossos inimigos com muito mais facilidade do que lutar contra eles. Mas essa não é a pergunta. A pergunta é: Se Deus é por nós, quem será contra nós?

Perdoe-me por um momento. Quatro palavras neste versículo merecem sua atenção. Leia lentamente a frase: "Deus é por nós". Por favor, pare por um instante antes de continuar. Leia-o novamente, em voz alta. (Peço desculpas à pessoa que está ao seu lado). *Deus é por nós*. Repita a frase quatro vezes, desta vez enfatizando cada palavra. (Vamos lá, você não está com tanta pressa assim!)

Deus é por nós.

Deus *é* por nós.

Deus é *por* nós.

Deus é por *nós*.

Deus é por você. Seus pais podem ter se esquecido de você, seus professores podem tê-lo ignorado, seus irmãos podem ter vergonha de você, mas ao alcance de suas orações está o Criador dos oceanos — Deus!

Deus *é* por você. Não "pode ser", não "foi", não "era", não "seria", mas "Deus é!" Ele *é* por você. Hoje. Neste momento. Neste minuto. Enquanto você lê esta frase. Não é preciso esperar em uma fila ou voltar amanhã. Ele está com você. Ele não poderia estar mais perto do que está neste segundo. A lealdade de Deus não será maior se você for melhor nem menor se você for pior. Ele *é* por você.

Deus é *por* você. Vire-se para a linha lateral; lá está Deus torcendo pela sua corrida. Olhe para a linha de chegada; lá está Deus aplaudindo seus passos. Ouça-o nas arquibancadas, gritando seu nome. Cansado demais para continuar? Ele irá carregá-lo. Desanimado demais para lutar? Ele o está levantando. Deus é *por* você.

Deus é por *você*. Se ele tivesse um calendário, o dia do seu aniversário estaria destacado por um círculo. Se ele dirigisse um carro, seu nome estaria no párachoque. Se houvesse uma árvore no céu, ele gravaria seu nome em sua casca. Sabemos que ele tem uma tatuagem e sabemos o que ela diz. "Eu gravei você nas palmas das minhas mãos" (Isaías 49:16).

"Haverá mãe que possa esquecer seu bebê que ainda mama e não ter compaixão do filho que gerou?", pergunta Deus em Isaías 49:15. Que pergunta estranha! Você, mãe, consegue imaginar seu filho mamando e, depois, mais tarde, perguntar: "Qual era o nome dessa criança?" Não. Eu a vejo cuidar de seu filho. Você acaricia seus cabelos, toca-lhe o rosto, cantarola o nome dele repetidas vezes. Uma mãe consegue se esquecer? De modo algum. Contudo, "embora ela possa esquecê-lo, eu não me esquecerei de você!", promete Deus (Isaías 49:15).

Deus está com você. E, sabendo disso, quem é contra você? A morte pode prejudicá-lo agora? A doença pode roubar sua vida? Seu objetivo pode ser levado ou seu valor diminuído? Não. Ainda que o próprio inferno possa se pôr contra você, ninguém pode derrotá-lo. Você está protegido. Deus está com você.

> Aquele que não poupou seu próprio Filho, — mas o entregou por todos nós, — como não nos dará juntamente com ele, e de graça, todas as coisas?
> (Romanos 8:32).

Imagine um homem que se depara com uma criança sendo espancada por delinqüentes.

Ele se atira no meio da confusão, salva o menino e o leva para um hospital. O garoto recebe cuidados até se restabelecer. O homem paga o tratamento da criança. Descobre que a criança é órfã, a adota e lhe dá o seu nome. E então, certa noite, depois de meses, o pai ouve o filho chorando no travesseiro. Ele vai até o filho e pergunta o motivo de sua tristeza.

— Estou preocupado, pai. Estou preocupado com o dia de amanhã. Onde vou conseguir comida para comer? Como vou comprar roupas para continuar aquecido? E onde vou dormir?

Com toda a razão, o pai fica preocupado.

— Eu não lhe mostrei? Você não entende? Arrisquei minha vida para salvá-lo. Dei meu dinheiro para tratá-lo. Você usa meu nome. Eu o chamei de meu filho. Eu faria tudo isso e depois não supriria suas necessidades?

Esta é a pergunta de Paulo. *Aquele que entregou seu Filho não supriria nossas necessidades?*

Mas, ainda assim, nos *preocupamos*. Preocupamo-nos com a Receita Federal, com o vestibular e com o FBI. Preocupamo-nos com a educação, a recreação e com um resfriado. Preocupamo-nos com a possibilidade de não termos dinheiro suficiente e, quando o temos, nos preocupamos porque não estamos certos de que conseguiremos administrá-lo bem. Preocupamo-nos porque o mundo acabará antes de o parquímetro vencer. Preocupamo-nos com o que o cachorro pensará se ele nos vir quando estivermos saindo do chuveiro. Preocupamo-nos porque, algum dia, descobriremos que aquele iogurte *light* engordava.

Agora, me diga honestamente: Deus salvou você para que você se preocupasse? Ele o ensinaria a andar só para vê-lo cair? Ele seria pregado na cruz por seus pecados e, depois, desprezaria suas orações? Vamos lá! As Escrituras estão nos provocando quando dizem: "Porque a seus anjos ele dará ordens a seu respeito, para que o protejam em todos os seus caminhos" (Salmo 91:11)?

Não creio que estejam.

> Quem nos separará do amor de Cristo?
> (Romanos 8:35)

Aí está. Esta é a pergunta. Aqui está o que queremos saber. Queremos saber até quando o amor de Deus durará. Deus realmente nos ama para sempre? Não só no domingo de Páscoa, quando nossos sapatos estão lustrados e nosso cabelo arrumado. Quero saber (lá no íntimo, todos queremos saber, não é mesmo?) como Deus se sente em relação a mim quando sou um idiota? Não quando estou animado, confiante e pronto para lidar com a fome do mundo; nessa hora, não. Sei como ele se sente com relação a mim em momentos como esses — até eu gosto de mim nessas ocasiões.

Quero saber como ele se sente com relação a mim quando sou ríspido com qualquer coisa que se move, quando meus pensamentos são terríveis, quando minha língua está afiada o suficiente para cortar uma pedra. Como ele se sente em relação a mim nesses momentos?

E quando coisas ruins acontecem — Deus se preocupa? Ele me ama em meio ao medo? Ele está comigo quando o perigo está à espreita? Deus deixará de me amar?

Esta é a questão. Esta é a preocupação. Oh, você não diz; você nem pode saber. Mas eu posso vê-lo em seu rosto. Posso ouvi-lo em suas palavras. Será que exagerei nesta semana? Na última terça-feira, quando bebi vodca até não conseguir andar... na última quinta-feira, quando meus negócios me levaram a um lugar que não tinha nada a ver... no último verão, quando amaldiçoei o Deus que me criou enquanto eu estava em pé ao lado do túmulo do filho que ele me deu?

Será que fui longe demais? Esperei demais? Falhei demais? Estava duvidoso demais? Com medo demais? Irado demais com a dor neste mundo?

É isso que queremos saber.

Quem nos separará do amor de Cristo?

Deus respondeu à nossa pergunta antes que a formulássemos. Para que víssemos sua resposta, ele iluminou o céu com uma estrela. Para que a ouvíssemos, ele encheu a noite de um coral. E para que crêssemos, ele fez o que nenhum homem jamais sonhou — ele se fez carne e habitou entre nós.

Ele pôs sua mão no ombro da humanidade e disse: "Você é muito especial".

Sem estar limitado pelo tempo, ele nos vê a todos. Desde o lugar mais remoto da Virgínia ao centro empresarial de Londres; desde os *vikings* aos astronautas; desde os moradores de cavernas aos reis; desde os construtores de cabanas aos mestres-de-obras; ele nos vê. Errantes e maltrapilhos, ele nos viu antes de nascermos.

Ele ama o que vê. Transbordando de emoção, vencendo o orgulho, o Criador das estrelas se vira para nós, um por um, e diz: "Você é meu filho. Eu o amo muito. Sei que, algum dia, você se afastará de mim e irá embora. Mas quero que você saiba que já estabeleci um caminho de volta".

E para provar, ele fez algo extraordinário.

Deixando seu trono, ele tirou seu manto de luz e se revestiu de pele: da pele humana pigmentada. A luz do universo entrou em um ventre escuro e molhado. Aquele a quem os anjos adoram aconchegou-se na placenta de uma camponesa, nasceu na noite fria e, depois, dormiu sobre o feno destinado a uma vaca.

Maria não sabia se lhe dava leite ou louvor, mas lhe deu ambas as coisas, uma vez que ele estava, até onde ela podia imaginar, com fome e era santo.

José não sabia se o chamava de Júnior ou Pai. Mas, no final, ele o chamou de Jesus, seguindo as palavras do anjo e reconhecendo não ter a mínima idéia do nome que deveria dar a um Deus que ele poderia embalar nos braços.

Nem Maria nem José foram tão diretos como minha Sara em suas palavras, mas você não acha que a cabeça deles se inclinou e a mente se perguntou: *Afinal, o que você está fazendo, Deus?* Ou, melhor: *Deus, o que você está fazendo no mundo?*

— Alguma coisa pode me fazer parar de amar você? — pergunta Deus. — Escuta falar a sua língua, dormir na sua terra e sentir as suas dores. Veja o Criador da visão e do som enquanto ele espirra, tosse e assoa o nariz. Você me pergunta se eu entendo como você se sente? Olhe nos olhos alegres da criança em Nazaré; é Deus indo para a escola. Pense na criancinha à mesa de Maria; é Deus derramando o leite.

— Você se pergunta até quando meu amor durará? Encontre sua resposta em uma cruz cheia de lascas, em uma colina escarpada. Sou eu, seu Criador, seu Deus, que você vê lá em cima. Transpassado por cravos e jorrando sangue; todo cuspido e molhado pelo pecado. É o seu pecado que estou sentindo. É a sua morte que estou morrendo. É a sua ressurreição que estou vivendo. Isso é o quanto eu amo você.

— Alguma coisa pode nos separar? — pergunta o Filho primogênito.

Ouça a resposta e firme seu futuro nas palavras de Paulo: "Estou convencido de que nem morte nem vida, nem anjos nem demônios, nem o presente nem o futuro, nem quaisquer poderes, nem altura nem profundidade, nem qualquer outra coisa na criação será capaz de nos separar do amor de Deus que está em Cristo Jesus, nosso Senhor" (Romanos 8:38,39).

CAPÍTULO 3

COM OS OLHOS NO PAI

É duas vezes melhor para nós pensarmos em Deus do que pensarmos em qualquer outra pessoa ou coisa. Deus quer que comecemos e terminemos nossas orações pensando nele. Quanto mais focados estivermos nas coisas lá do alto, mais inspirados estaremos aqui na terra.

Ampliar. Ao ampliar um objeto, você o aumenta para que possa entendê-lo. Quando ampliamos Deus, fazemos o mesmo. Aumentamos nossa consciência acerca dele para que possamos entendê-lo melhor. É exatamente isso o que acontece quando adoramos

— tiramos nossa mente de nós mesmos e a colocamos em Deus; a ênfase está nele.

Gosto do modo como a última frase da Oração do Senhor é traduzida na *The Message* [A mensagem] (Mateus 6:13):

> Você está no comando!
> Você pode fazer o que quiser!
> Você resplandece na beleza!
> Sim. Sim. Sim.

Poderia ser mais simples? Deus está no comado! Este conceito não é estranho para nós. Quando o garçom do restaurante lhe traz um hambúrguer frio e um refrigerante quente, você quer saber quem é o chefe dele. Quando um camarada jovem quer impressionar sua namorada, ele a leva à loja de conveniência onde ele trabalha e diz, com orgulho: "Toda noite, das cinco às dez, eu sou o chefe aqui". Sabemos o que significa estar no comando de um restaurante ou de uma loja. Mas e estar no comando do universo? É isso que Jesus declara.

> Esse poder ele [Deus] exerceu em Cristo, ressuscitando-o dos mortos e fazendo-o assentar-se à sua direita, nas regiões celestiais, muito acima de todo governo e autoridade, poder e domínio, e de todo nome que se possa mencionar, não ape-

> nas nesta era, mas também na que há de vir. ***Deus colocou todas as coisas debaixo de seus pés*** e o designou cabeça de todas as coisas para a igreja.
> (Efésios 1:20-22, ênfase minha)

Há muitos exemplos acerca da autoridade de Jesus, mas só mencionarei um de meus favoritos. Jesus e os discípulos estão em um barco atravessando o mar da Galiléia. Uma tempestade surge de repente, e o que era calmo fica violento — ondas terríveis se levantam do mar e batem na embarcação. Marcos descreve claramente a cena: "Levantou-se um forte vendaval, e as ondas se lançavam sobre o barco, de forma que este foi se enchendo de água" (Marcos 4:37).

É muito importante que você tenha uma imagem precisa, por isso vou pedir que se imagine no barco. Trata-se de um barco forte, mas não propício para essas ondas de três metros de altura. Ele lança a proa, primeiro, em direção à parede de água. A força das ondas inclina perigosamente o barco até a proa parecer apontada para o céu. E quando você começa a temer que o barco vire para trás, ele se lança para a frente e cai no vale de outra onda. Inúmeras mãos se unem às suas para agarrar o mastro. Todos os seus companheiros de barco estão com a cabeça molhada e os olhos arregalados. Você tenta ouvir uma voz que traga calma, mas tudo o que ouve são gritos e preces. De repente, lhe ocorre uma coisa — falta alguém. Onde está Jesus? Ele não está no mastro. Ele também não está agarrado a canto algum. Onde ele está? Então você ouve algo — um barulho..., um som deslocado... Era como se alguém estivesse roncando. Você se vira e olha, e lá está Jesus, enrolado na popa do barco, dormindo!

Você não sabe se fica surpreso ou furioso, então sente ambas as coisas. Como ele pode dormir em um momento como esse? Ou, como perguntaram os discípulos: "Mestre, não te importas que morramos?" (Marcos 4:38).

A tempestade que deixou os discípulos em pânico o deixa com sono. O que pôs medo nos olhos deles o pôs para dormir. O barco era um túmulo para os seguidores de Jesus e um berço para Cristo. Como ele podia dormir durante a tempestade? Simples — ele estava no comando do barco.

> Ele se levantou, repreendeu o vento e disse ao mar: "Aquiete-se! Acalme-se!" O vento se aquietou, e fez-se completa bonança. Então perguntou aos seus discípulos: "Por que vocês estão com tanto medo? Ainda não têm fé?"
> (Marcos 4:39,40)

Incrível. Ele não entoa um mantra ou balança uma varinha mágica. Nenhum anjo é chamado; nenhuma ajuda é necessária. O mar enfurecido se acalma no mesmo instante. Uma calma imediata. Nem uma onda. Nem uma gota. Nem uma rajada de vento. Em um instante, o mar deixa de ser uma torrente agitada para ser um lago tranqüilo. Qual a reação dos discípulos? Leia no versículo 41: "Eles estavam apavorados e perguntavam uns aos outros: 'Quem é este que até o vento e o mar lhe obedecem?'"

Eles nunca conheceram um homem como aquele. As ondas estavam sujeitas a ele, e os ventos eram seus servos. E isso era apenas o começo daquilo que os companheiros de mar de Jesus testemunhariam. Antes de tudo acabar, eles veriam peixes pularem para dentro do barco; demônios se precipitarem em porcos; paralíticos passarem a dançar e cadáveres se tornarem pessoas vivas e com fôlego de vida. "Até aos espíritos imundos ele dá ordens, e eles lhe obedecem!" (Marcos 1:27).

É de admirar que os discípulos estivessem dispostos a morrer por Jesus? Eles nunca haviam visto tal poder; nunca haviam visto tal glória. Era como ... Bem, era como se todo o universo fosse o reino de Jesus. Você não teria necessidade de explicar esse versículo para eles; eles saberiam o que ele significava: "Porque teu é o Reino, o poder e a glória para sempre" (Mateus 6:13).

Na verdade, seriam dois desses pescadores resgatados a declarar a autoridade de Jesus mais claramente. Veja o que diz João: "Aquele que está em vocês é maior do que aquele que está no mundo" (1 João 4:4). Veja o que diz Pedro: "[Jesus] subiu aos céus e está à direita de Deus; a ele estão sujeitos anjos, autoridades e poderes" (1 Pedro 3:22).

É justo que eles declarem a autoridade de Jesus. É justo que façamos o mesmo. E, quando o fazemos, declaramos sem dúvida: o governador do universo governa o nosso coração.

CAPÍTULO 4

O BEM TRIUNFA

Como Deus pode permitir que o mal traga destruição e perda à nossa vida? Por que ele não nos protege dos que cometem atos pecaminosos e maus? Nosso coração dói, nossas perguntas se agitam. E, não obstante, vimos a bondade surgir da tragédia e da dor — feitos heróicos, a compaixão abnegada, um senso de comunidade do tipo "todos por um". De algum modo, em meio a algo mau, a bondade luta para prevalecer.

É, de fato, possível que algo mau pudesse acabar por ser usado para o bem? Para responder a essa pergunta, temos de olhar para trás — para o começo do próprio Mal.

Duas vezes, nas Escrituras, a cortina do tempo se abre e nos é concedido um vislumbre da aposta mais insensata da história. Satanás era um anjo que não estava contente de estar perto de Deus; ele tinha de estar acima de Deus. Lúcifer não estava satisfeito em prestar adoração a Deus; queria ocupar o trono de Deus.

De acordo com Ezequiel, não havia entre os anjos alguém que tivesse a beleza e a maldade de Satanás:

> Você era o modelo da perfeição,
> cheio de sabedoria e de perfeita beleza.
> Você estava no Éden,
> no jardim de Deus;
> todas as pedras preciosas o enfeitavam...
> Caminhava entre as pedras fulgurantes.
> Você era inculpável em seus caminhos
> desde o dia em que foi criado
> até que se achou maldade em você.
> (Ezequiel 28:12-15)

Os anjos, como os humanos, foram criados para servir e adorar a Deus. Foi dado aos anjos, como aos humanos, o livre-arbítrio. Do contrário, como eles poderiam adorar? Tanto Isaías como Ezequiel descrevem um anjo mais poderoso do que qualquer humano, mais belo do que qualquer criatura, porém mais tolo do que qualquer ser que já tenha existido. Seu orgulho foi a razão de sua queda.

A maioria dos estudiosos aponta Isaías 14:13,14 como a descrição da queda de Lúcifer:

> Subirei aos céus;
> erguerei o meu trono
> acima das estrelas de Deus;
> Eu me assentarei no monte da assembléia,
> no ponto mais elevado do monte santo.
> Subirei mais alto que as mais altas nuvens;
> serei como o Altíssimo.

Você não pode perder a cadência de arrogância nas palavras: "Subirei... erguerei... me assentarei... subirei... serei". Uma vez que tentou ser como Deus, Satanás se afastou de Deus e passou a história tentando convencer-nos a fazer o mesmo. Não foi essa a estratégia que ele usou com Eva? "Vocês [serão] como Deus", ele prometeu (Gênesis 3:5).

Ele não mudou. É tão egocêntrico agora como era naquele tempo. É tão tolo agora como era naquele tempo. E é simplesmente tão limitado agora como era naquele tempo. Mesmo quando o coração de Lúcifer era bom, ele era inferior a Deus. Todos os anjos são inferiores a Deus. Deus conhece tudo; eles só conhecem o que Deus revela. Deus está em todos os lugares; eles só podem estar em um único lugar. Deus é todo-poderoso; os anjos só são poderosos até onde Deus lhes permite ser. Todos os anjos, incluindo Satanás, são inferiores a Deus. E isso talvez surpreenda você: Satanás ainda é um servo de Deus.

Ele não quer ser. Não pretende ser. Não gostaria de nada menos do que construir seu próprio reino, mas ele não pode. Toda vez que tenta promover sua causa, ele acaba por promover a causa de Deus.

Erwin Lutzer articula este pensamento em seu livro *A serpente do paraíso*:

> O diabo é tão servo de Deus em sua rebelião quanto era nos dias de sua doce obediência... Não podemos citar Lutero com muita freqüência: o diabo é o diabo de Deus.
>
> Satanás tem papéis diferentes a desempenhar, dependendo do conselho e dos propósitos de Deus. Ele tem por obrigação o serviço de cumprir a vontade de Deus no mundo; ele deve fazer o que o todo-poderoso disser. Devemos lembrar que ele tem poderes terríveis; mas saber que esses poderes só podem ser exercidos sob a direção e o agrado de Deus nos dá esperanças. Satanás não está simplesmente livre para devastar as pessoas à vontade.[1]

Satanás está fazendo o que o todo-poderoso diz? Está buscando a permissão de Deus? Tal linguagem soa estranha aos seus ouvidos? Talvez. Se for o caso, você pode estar certo de que Satanás preferiria que você não ouvisse o que estou para dizer. Ele preferiria certamente que você fosse enganado a pensar nele como uma força independente com poder ilimitado. Satanás não tem nenhum poder, exceto o poder que Deus permite.

Ele preferiria que você nunca ouvisse as palavras de João: "Aquele que está em você [o Espírito de Deus] é maior do que aquele que está no mundo [o diabo]" (1 João 4:4). E ele, certamente, preferiria que você nunca descobrisse como Deus usa o diabo como um instrumento para promover a causa de Cristo.

Como Deus usa Satanás para fazer a obra do céu? Deus usa Satanás para:

1. *Aperfeiçoar os fiéis*. Todos temos a doença do mal. Até o mais manso entre nós tem uma tendência a se admirar excessivamente. Ao que parece, o apóstolo Paulo também. Seu currículo impressionava: uma audiência pessoal com Jesus, um participante das visões celestiais, um apóstolo escolhido por Deus, um autor da Bíblia. Ele curou os doentes, viajou pelo mundo e escreveu alguns dos maiores documentos da história. Poucos poderiam se igualar a ele em termos de realizações. E talvez ele soubesse disso. Talvez tenha havido um momento em que Paulo começou a se fazer elogios. Deus, que amava Paulo e odiava o orgulho, protegeu Paulo contra o pecado. E ele usou Satanás para isso.

> Para impedir que eu me exaltasse por causa da grandeza dessas revelações, foi-me dado um espinho na carne, um mensageiro de Satanás, para me atormentar.
> (2 Coríntios 12:7)

Não nos é dito qual é a natureza do espinho, mas nos é dito qual é o seu propósito — manter Paulo humilde. Também nos é revelada a sua origem — um mensageiro de Satanás. O mensageiro poderia ter sido uma dor, um problema ou uma pessoa que fosse um tormento. Não sabemos. Mas sabemos que o mensageiro estava sob o controle de Deus. Por favor, observe o que Paulo diz a seguir:

> Três vezes roguei ao Senhor que o tirasse de mim. Mas ele me disse: "Minha graça é suficiente para você, pois o meu poder se aperfeiçoa na fraqueza" .
> (vs. 8,9)

Satanás e suas forças foram simplesmente ferramentas nas mãos de Deus para fortalecer um servo.

Outro exemplo do diabo como servo de Deus é a tentação de Jó. O diabo ousa questionar a estabilidade da fé de Jó, e Deus lhe dá permissão para testá-la. "Pois bem", diz Deus, "tudo o que ele possui está nas suas mãos; apenas não toque nele" (Jó 1:12). Observe que Deus dá a permissão e estabelece os parâmetros da luta. Jó passa no teste e Satanás se queixa, afirmando que Jó teria caído se fosse forçado a enfrentar a dor. Mais uma vez, Deus dá permissão e, novamente, dá os parâmetros: "Ele está nas suas mãos", diz para Satanás, "apenas poupe a vida dele" (2:6).

Embora a dor e as perguntas sejam abundantes, no final, a fé e a saúde de Jó são maiores do que nunca. Mais uma vez, talvez não entendamos a razão para o teste, mas conhecemos a sua fonte. Leia este versículo do último capítulo. Os familiares de Jó "o consolaram e o confortaram por todas as tribulações que *o SENHOR* tinha trazido sobre ele" (42:11, ênfase minha).

Satanás não tem poder, exceto aquele que Deus lhe dá.

Mesmo quando parece vencer, Satanás perde. Martinho Lutero acertou em cheio quando descreveu o diabo como ferramenta de Deus, uma enxada usada para cuidar do jardim de Deus. A enxada nunca corta o que o Jardineiro pretende preservar e nunca preserva o que o Jardineiro pretende arrancar. Com certeza, uma parte do castigo de Satanás é a frustração que ele sente em servir, sem querer, como uma ferramenta para criar um jardim para Deus. Satanás é usado por Deus para aperfeiçoar os fiéis.

Deus também usa o diabo para:

2. *Despertar os que dormem*. Centenas de anos antes de Paulo, outro líder judeu lutou contra seu ego, mas perdeu. Saul, o primeiro rei de Israel, se consumiu de ciúmes. Davi, o filho mais novo de uma família que cuidava de ovelhas, roubou a cena. Tudo em Davi era melhor do que em Saul: ele cantava melhor, impressionava mais as mulheres e até matou os gigantes que Saul temia. Mas, em vez de comemorar as habilidades dadas por Deus a Davi, Saul ficou loucamente hostil. Deus, em um visível esforço para despertá-lo desta névoa de ciúmes, recrutou a ajuda de seu relutante servo, Satanás. "No dia seguinte, um espírito maligno mandado por Deus apoderou-se de Saul e ele entrou em transe em sua casa" (1 Samuel 18:10).

Observe um princípio sério: há momentos em que o coração fica tão duro e os ouvidos tão insensíveis que Deus nos leva a sofrer as conseqüências de nossas escolhas. Nesse caso, o demônio foi liberado para atormentar Saul. Se Saul não bebia do cálice da bondade de Deus, que passasse então um tempo bebendo do cálice da fúria do inferno: "Que ele seja levado ao desespero para que possa ser trazido novamente para os braços de Deus".[2]

O Novo Testamento refere-se a incidentes em que a mesma disciplina foi aplicada. Paulo castiga a igreja em Corinto por tolerar a imoralidade. Sobre um adúltero na igreja, ele diz: "Entreguem esse homem a Satanás, para que o corpo seja destruído, e seu espírito seja salvo no dia do Senhor" (1 Coríntios 5:5).

Outro exemplo de tal ação é o caso de Himeneu e Alexandre, dois discípulos que naufragaram na fé e influenciaram os outros de modo negativo. "Os quais entreguei a Satanás", diz Paulo para Timóteo, "para que aprendam a não blasfemar" (1 Timóteo 1:20).

Por mais drástico que pareça, Deus, na verdade, permitirá que uma pessoa vivencie o inferno na terra, na esperança de despertar a fé dessa pessoa. O amor santo faz a escolha difícil que consiste em levar o filho a sofrer as conseqüências de sua rebeldia.

A propósito, será que isso não ajuda a explicar o mal desenfreado que existe no mundo? Se Deus nos permite sofrer as conseqüências de nosso pecado e o mundo está cheio de pecadores, então o mundo será repleto de pecados. Não era isso o que Paulo queria dizer no primeiro capítulo de Romanos? Depois de descrever aqueles que adoram a criação, e não o Criador, Paulo diz: "Deus os entregou a paixões vergonhosas" (Romanos 1:26). Deus gosta de ver a angústia e os vícios de seus filhos? Não mais que um pai gosta de disciplinar um filho. Mas o amor santo faz escolhas difíceis.

Lembre-se de que a disciplina deveria resultar em misericórdia, não em miséria. Alguns santos são despertados por um tapinha no ombro, enquanto outros precisam de um safanão na cabeça. Satanás recebe o chamado.

E ele também é convocado para:

3. *Ensinar a igreja*. Talvez a ilustração mais clara de como Deus usa Satanás para cumprir seus propósitos seja encontrada na vida de Pedro. Veja a advertência que Jesus lhe faz: "Simão, Simão, Satanás pediu vocês para peneirá-los como trigo. Mas eu orei por você, para que a sua fé não desfaleça. E quando você se converter, fortaleça os seus irmãos" (Lucas 22:31,32).

Mais uma vez, observe quem está no controle. Mesmo tendo um plano, Satanás teve de obter permissão. "Foi-me dada toda a autoridade nos céus e na terra", explicou Jesus, e esta é a prova (Mateus 28:18). O lobo não pode chegar à ovelha sem a permissão do Pastor, e o Pastor só permitirá o ataque se, a longo prazo, a dor compensar o ganho.

O propósito deste teste é prover um testemunho para a igreja. Jesus estava permitindo que Pedro passasse por uma provação para que ele pudesse encorajar seus irmãos. Talvez Deus esteja fazendo o mesmo com você. Deus sabe que a igreja precisa de testemunhos vivos do seu poder. Sua dificuldade, sua doença, seu conflito estão preparando você para que seja uma voz de encorajamento para seus irmãos. Tudo de que você precisa é lembrar destas palavras:

> Não sobreveio a vocês tentação que não fosse comum aos homens. E Deus é fiel; ele não permitirá que vocês sejam tentados além do que podem suportar. Mas, quando forem tentados, ele mesmo lhes providenciará um escape, para que o possam suportar.
> (1 Coríntios 10:13)

> Vocês planejaram o mal contra mim, mas Deus o tornou em bem.
> (Gênesis 50:20)

CAPÍTULO 5

O GOSTO AMARGO DA VINGANÇA

Justiça ou vingança? É a justiça que exige que aqueles que fazem o mal contra nossa sociedade devam ser punidos por esta mesma sociedade. Mas justiça é muito diferente de vingança. Vingança é uma questão de coração. A vingança diz: "Espere. Vou pegar você!"

Quando somos magoados ou ofendidos, não demora muito para que nos vejamos querendo acertar as contas com aqueles que estão em dívida conosco.

Não há alguém que lhe deva algo? Uma desculpa? Uma segunda chance? Um novo começo? Uma explicação? Um agradecimento? Uma infância? Um casamento? Pare e pense nisso (o que não o incentivo a fazer por muito tempo), e você poderá fazer uma lista de muita gente que está em dívida para com você. Seus pais deveriam ter sido mais protetores. Seus filhos deveriam ter sido mais gratos. Seu cônjuge deveria ser mais sensível. Seu pastor deveria ter sido mais atencioso.

O que você vai fazer com os que estão em dívida com você? As pessoas de seu passado meteram as mãos no seu bolso e levaram o que era seu. O que você vai fazer? Poucas perguntas são mais importantes; lidar com a dívida é algo que está na essência de sua felicidade.

Jesus disse: "Pois se perdoarem as ofensas uns dos outros, o Pai celestial também lhes perdoará. Mas se não perdoarem uns aos outros, o Pai celestial não lhes perdoará as ofensas" (Mateus 6:14,15).

Jesus não questiona a realidade de suas feridas. Ele não duvida que tenham pecado contra você. A questão não é a existência da dor; a questão é o tratamento da dor. O que você vai fazer com suas dívidas?

O escritor Dale Carnegie fala sobre uma visita ao Yellowstone Park em que viu um urso pardo. O grande animal estava no centro de uma clareira, alimentando-se de coisas que eram deixadas no campo. Por vários minutos, ele se regalou sozinho; nenhuma criatura ousava se aproximar. Alguns minutos depois, um gambá atravessou a campina em direção à comida e se acomodou ao seu lado. O urso não protestou, e Carnegie soube por quê. "O urso pardo", disse ele, "sabia como era alto o preço de se vingar".[1]

Seríamos inteligentes se aprendêssemos a fazer o mesmo. Ajustar contas é algo que custa caro.

Para começar, você paga um preço que envolve seu relacionamento com outras pessoas.

Você já percebeu nos filmes de faroeste como o caça-recompensas viaja sozinho? Não é difícil entender por que isso acontece. Quem quer andar com um sujeito que ajusta contas para ganhar a vida? Quem quer se arriscar a tê-lo como inimigo? Mais de uma vez, ouvi um homem despejar a sua raiva. Ele achava que eu estava ouvindo, quando, na verdade, eu estava pensando: *Espero nunca fazer parte de sua lista*. Que tipos briguentos esses caça-recompensas! Melhor deixá-los sozinhos. Ande com gente irritada e você poderá ser atingido por uma bala perdida. Acertar dívidas é uma ocupação solitária. É também uma ocupação prejudicial à saúde.

Você paga um preço alto fisicamente.

A Bíblia coloca ainda mais claramente esta questão: "O ressentimento mata o insensato" (Jó 5:2).

Isso me faz lembrar de uma velha conversa de Amos e Andy. Amos pergunta o que é aquela garrafinha que Andy está usando em volta do pescoço.

— Nitroglicerina — ele responde.

Espantado por ver que Andy estava usando um colar de nitroglicerina, Amos pede uma explicação. Andy fala sobre um colega que tinha o péssimo hábito de bater no peito das pessoas enquanto estava falando.

— Isso me deixa louco — diz Andy. — Estou usando essa nitroglicerina porque, da próxima vez em que ele me bater, vou explodir seu dedo.

Andy não é o primeiro a se esquecer que, ao tentar se vingar, você se machuca. Jó estava certo quando disse: "Você, que se dilacera de ira!" (Jó 18:4). Você já percebeu que descrevemos as pessoas que nos aborrecem como pessoas que "enchem a paciência"? A que paciência estamos nos referindo? Com certeza, não a delas. Somos nós que sofremos.

Se estiver interessado em ajustar contas, você nunca descansará. Como isso se dá? Para começar, seu inimigo talvez nunca chegue a pagar o que deve. Por mais que você pense que mereça uma desculpa, pode ser que quem lhe deve desculpa não concorde com tal avaliação. O racista talvez nunca se arrependa. O chauvinista talvez nunca mude. Por mais que você tenha argumentos em sua busca por vingança, talvez essa justiça nunca lhe dê nada. E, se você ganhar algo, isso lhe bastará?

Pensemos, de fato, nisso. Até onde a justiça é suficiente? Imagine seu inimigo por um instante. Imagine-o amarrado a uma coluna para ser chicoteado. O homem de braços fortes que está com o chicote se vira para você e pergunta: "Quantas chicotadas?" E você dá um número. O chicote bate, o sangue se espalha e o castigo é infligido. Seu inimigo cai ao chão e você vai embora.

Você está feliz agora? Sente-se melhor? Está em paz? Talvez por um tempo sim; mas logo outra lembrança virá à tona e outra chicotada será necessária. Quando tudo isso termina?

Isso pára quando você leva a sério as palavras de Jesus: "Pois se perdoarem as ofensas uns dos outros, o Pai celestial também lhes perdoará. Mas se não perdoarem uns aos outros, o Pai celestial não lhes perdoará as ofensas" (Mateus 6:14,15).

"Trata-me como trato o meu próximo." Você está ciente de que é isso que está dizendo para o seu Pai? "Dá-me o que dou a ele. Concede-me a mesma paz que concedo aos outros. Deixa-me desfrutar da mesma tolerância que ofereço." Deus irá tratá-lo como você trata os outros.

Você gostaria de ter paz? Então, pare de infernizar o seu próximo. Quer desfrutar da generosidade de Deus? Então deixe que os outros desfrutem da sua. Gostaria de ter convicção de que Deus o perdoa? Acho que você sabe o que precisa fazer.

CAPÍTULO 6

NO SILÊNCIO, DEUS FALA

Quando estamos magoados, às vezes encontramos a cura falando sobre essa mágoa — com um amigo, com um conselheiro, com Deus. Mas, por fim, chega o momento de parar de falar e começar a ouvir.

Há vezes em que falar é violar o momento... Nesses casos, o silêncio representa o maior respeito. O termo que mais bem define instantes como esses é *reverência*.

Essa foi uma lição que Jó, — o homem na Bíblia mais tocado pela tragédia e pelo desespero — aprendeu. Se Jó tinha um defeito, seu defeito era a língua. Ele falava demais.

Não que alguém pudesse culpá-lo; a calamidade lançou-se sobre o homem como uma leoa sobre um bando de gazelas, e, quando o alvoroço passou, mal havia restado uma parede em pé ou um ente querido com vida. Os inimigos mataram o gado de Jó, e relâmpagos destruíram suas ovelhas. Ventos fortes deixaram sob os escombros seus filhos que faziam festa.

Jó sabia como era perder aqueles a quem amava quando a casa veio abaixo.

Jó nem teve tempo de enterrar seus filhos antes de ver a lepra em suas mãos e as terríveis feridas em sua pele. Sua esposa, ainda que muito compassiva, lhe disse: "Amaldiçoe a Deus, e morra". Seus quatro amigos se aproximaram de seu leito como sargentos instrutores, dizendo-lhe que Deus é justo e que a dor é conseqüência do pecado, e que, tão certo quanto dois mais dois são quatro, Jó devia ter algum antecedente criminal em seu passado para sofrer assim.

Cada um tinha sua própria interpretação de Deus, e cada um falava em alto e bom som sobre quem é Deus e por que Deus fizera aquilo tudo. Eles não foram os únicos a falar sobre Deus. Quando os acusadores de Jó pararam, Jó deu sua resposta. De um lado para o outro eles andavam...

> Jó abriu a boca... (3:1)
>
> Então respondeu Elifaz, de Temã... (4:1)
>
> Então Jó respondeu... (6:1)
>
> Então Bildade, de Suá, respondeu... (8:1)
>
> Então Jó respondeu... (9:1)
>
> Então Zofar, de Naamate, respondeu... (11:1)

Este pingue-pongue verbal se estende por 23 capítulos. Por fim, Jó fica cheio dessas "respostas". Chega de conversa fiada em grupo! É hora de fazer um discurso importante. Ele segura o microfone com uma mão e o púlpito com a outra, e começa. Por seis capítulos, Jó dá suas opiniões sobre Deus. Desta vez, o capítulo começa com: "E Jó prosseguiu", "E Jó prosseguiu", "E Jó prosseguiu". Ele define Deus, explica Deus e examina Deus. Tem-se a impressão de que Jó sabe mais sobre Deus do que o próprio Deus!

Chegamos ao capítulo 37 do livro antes de Deus limpar a garganta para falar. O capítulo 38 começa com estas palavras: "Então o SENHOR respondeu a Jó".

Se a sua Bíblia for igual à minha, há um erro nesse versículo. As palavras estão perfeitas, mas o tamanho da fonte está errado. As palavras deveriam ser assim:

ENTÃO O SENHOR RESPONDEU A JÓ!

Deus fala. Rostos se voltam para o céu. Ventos inclinam as árvores. Os vizinhos se lançam nos abrigos para tempestades. Gatos sobem correndo nas árvores e cachorros se enfiam no meio das moitas. "Está ventando, querido. Melhor tirar os lençóis do varal." Deus não precisou abrir mais a sua boca para que Jó soubesse que deveria manter a sua fechada.

> Vou fazer-lhe perguntas,
> e você me responderá.
> "Onde você estava quando lancei os alicerces da terra?
> Responda-me, se é que você sabe tanto.
> Quem marcou os limites das suas dimensões?
> Talvez você saiba!
> E quem estendeu sobre ela a linha de medir?
> E os seus fundamentos, sobre o que foram postos?
> E quem colocou sua pedra de esquina,
> enquanto as estrelas matutinas juntas cantavam
> e todos os anjos se regozijavam?"
> (38:3-7)

Deus inunda o céu de perguntas e Jó não pode deixar de fazer outra coisa senão entender: somente Deus define Deus. Você precisa conhecer o alfabeto antes de poder ler; e Deus diz para Jó: "Você nem conhece o ABC do céu, muito menos todo o vocabulário". Pela primeira vez, Jó fica quieto. Silenciado pela enxurrada de perguntas.

> Você já foi até as nascentes do mar,
> já passeou pelas obscuras profundezas do abismo?
> Acaso você entrou nos reservatórios de neve,
> já viu os depósitos de saraiva?
> É você que dá força ao cavalo
> ou veste o seu pescoço com sua crina tremulante?
> Você o faz saltar como gafanhoto?
> É graças à inteligência que você tem que o falcão alça vôo
> e estende as asas rumo ao sul?
> (38:16, 22; 39:19,20, 26)

Jó mal tem tempo para balançar a cabeça em resposta a uma pergunta antes de outra lhe ser feita. A implicação do Pai é clara: "Assim que você for capaz de lidar com estas simples questões relacionadas a armazenar estrelas e esticar o pescoço do avestruz, teremos uma conversa sobre dor e sofrimento. Mas, até lá, não precisamos de seus comentários".

Jó entendeu a mensagem? Acho que sim. Ouça a resposta de Jó:

> Sou indigno; como posso responder-te? Ponho a mão sobre a minha boca.
> (40:4)

Observe a mudança. Antes de ouvir Deus, Jó não conseguia falar o suficiente. Depois de ouvir Deus, ele não conseguia falar nada.

O silêncio era a única resposta adequada. Houve um tempo na vida de Thomas Kempis em que ele, também, cobriu sua boca. Ele havia escrito muita coisa sobre o caráter de Deus. Mas, um dia, Deus o confrontou com tamanha graça santa que, daquele momento em diante, todas as palavras de Kempis "passaram a parecer palha". Ele deixou de lado a caneta e nunca mais escreveu outra linha. Ele pôs a mão sobre sua boca.

O termo usado para tais momentos é *reverência.*

Jesus ensinou-nos a orar com reverência ao exemplificar para nós o "Santificado seja o teu nome". Essa frase é uma petição, não uma declaração. Um pedido, não um anúncio. "Sê santificado, Senhor. Faze o que for preciso para ser santo em minha vida. Ocupa o teu legítimo lugar no trono. Exalta-te. Engrandece-te. Glorifica-te. Sê Senhor, e eu ficarei em silêncio."

A palavra *santificado* vem da palavra *santo,* e a palavra *santo* significa "separar". A origem da palavra pode ser remontada a uma palavra antiga que significa "cortar". Ser santo, então, é estar acima da norma, ser superior, ser extraordinário. O Santo habita um nível diferente daquele em que o restante de nós vive. O que nos assusta não o assusta. O que nos preocupa não o preocupa.

Sou mais um apreciador da terra firme do que um marinheiro, mas já andei de barco o suficiente para saber qual é o segredo para encontrar terra em meio a uma tempestade... Você não mira outro barco; é claro que não fita as ondas; tem em perspectiva um objeto não afetado pelo vento — uma luz na praia — e vai em direção a ela. A luz não é afetada pela tempestade.

Ao buscar Deus, você faz o mesmo. Quando você tem em perspectiva o nosso Deus, se concentra naquele que vence qualquer tempestade que a vida pode trazer.

Como Jó, você encontra paz na dor.

Como Jó, você cobre sua boca e fica quieto.

"Parem de lutar! Saibam que eu sou Deus!" (Salmo 46:10). Esse versículo contém um mandamento com uma promessa.

Qual o mandamento? *Parem de lutar. Cubram a boca. Dobrem os joelhos.*

Qual a promessa? *Vocês saberão que eu sou Deus.*

O barco da fé viaja em águas tranqüilas. A crença anda nas asas da espera.

Em meio às suas tempestades diárias, e nesta tempestade que assolou nosso país e até o mundo inteiro, faça questão de ficar quieto e de ter Deus em perspectiva. Deixe que Deus seja Deus. Deixe que ele o banhe em sua glória para que tanto seu fôlego como seus problemas sejam absorvidos de sua alma. Fique quieto. Fique em silêncio. Esteja aberto e disposto. Reserve um momento para ficar quieto e saber que ele é Deus.

CAPÍTULO 7

NA TEMPESTADE, ORAMOS

Quando acontecem desastres, o espírito humano responde estendendo a mão para ajudar aqueles que são afetados. As pessoas ficam em filas para doar sangue. Milhões de dólares são doados para ajudar vítimas e suas famílias. Equipes de resgate trabalham por horas intermináveis. Mas o esforço mais essencial é realizado por outra equipe valente. Sua tarefa? Guardar e envolver o mundo com oração. Aqueles que oram mantêm vivas as fogueiras da fé. Na maioria dos casos, nem sabemos seus nomes. Foi o que aconteceu com uma pessoa que orou em um certo dia, há muito tempo.

Seu nome não é importante. Seu aspecto é imaterial. Seu sexo não vem ao caso. Seu título é irrelevante. Essa pessoa é importante não por conta de quem foi, mas sim pelo que fez.

Ela foi até Jesus em nome de um amigo. Seu amigo estava doente, e Jesus poderia ajudar. Era preciso que alguém fosse até Jesus, por isso esse alguém foi. Outros se preocupavam com o homem doente em outros sentidos. Alguns levavam comida, outros ofereciam tratamento; outros ainda consolavam a família. Cada papel foi importante. Cada pessoa foi útil, mas ninguém foi mais vital do que aquele que foi até Jesus.

João escreve: "Então as irmãs de Lázaro mandaram *[alguém]* dizer a Jesus: 'Senhor, aquele a quem amas está doente'" (João 11:3, ênfase minha).

Alguém levou o pedido. Alguém percorreu o caminho. Alguém foi até Jesus em nome de Lázaro. E, uma vez que alguém foi até ele, Jesus respondeu.

Na economia do céu, as orações dos santos são itens valiosos. O apóstolo João concordaria. Ele escreveu a história de Lázaro e foi cuidadoso ao mostrar a seqüência: a cura começou quando o pedido foi feito.

Vale notar a frase que o amigo de Lázaro usou. Ao falar para Jesus sobre a doença, ele disse: "Senhor, aquele a quem amas está doente". Ele não baseou seu apelo no amor imperfeito de quem estava necessitado, mas no amor perfeito do Salvador. Ele não disse: "Aquele *que o ama* está doente". Ele disse: "Aquele *a quem amas* está doente". O poder da oração, em outras palavras, não depende daquele que faz a oração, mas daquele que a escuta.

Podemos e devemos repetir a frase de diversas formas. "Aquele a quem amas está cansado, triste, com fome, sozinho, com medo, deprimido". As palavras da oração variam, mas a resposta nunca muda. O Salvador ouve a oração. Ele silencia o céu para não perder uma palavra. Ele ouve a oração. Você se lembra da frase do Evangelho de João? "Ao *ouvir* isso, Jesus disse: 'Essa doença não acabará em morte'" (João 11:4, ênfase minha).

O Mestre ouviu o pedido. Jesus parou tudo o que estava fazendo e prestou atenção nas palavras do homem. Esse mensageiro anônimo foi ouvido por Deus.

Você e eu vivemos em um mundo barulhento. Conseguir a atenção de alguém não é uma tarefa fácil. A pessoa deve estar disposta a pôr tudo de lado para ouvir: abaixar o rádio, afastar-se do monitor, dobrar a beira da página e deixar o livro de lado. Quando alguém está disposto a silenciar qualquer outra coisa para poder nos ouvir claramente, isso é um privilégio. Na verdade, um raro privilégio.

Por isso, a mensagem de João é importante. Você pode conversar com Deus porque ele ouve. Sua voz é importante no céu. Ele o leva muito a sério. Quando você está na presença de Deus, os servos se viram para você para ouvir sua voz. Você não precisa ter medo de ser ignorado. Ainda que você gagueje ou tropece, ainda que o que tenha a dizer não impressione ninguém, Deus irá se impressionar — ele vai ouvir. Ele ouve a súplica aflita dos idosos na casa de repouso; ouve a confissão brusca de um prisioneiro no corredor da morte. Quando os alcoólatras pedem misericórdia, quando o cônjuge procura direção, quando o empresário sai da rua e entra na capela, Deus ouve.

Com atenção. Com cuidado. As orações são estimadas como jóias preciosas. Purificadas e capacitadas, as palavras sobem em uma deliciosa fragrância até o nosso Senhor. "Da mão do anjo subiu diante de Deus a fumaça do incenso" (Apocalipse 8:4). Incrível. Suas palavras não param até que cheguem ao trono de Deus.

Basta um chamado e a esquadrilha do céu aparece. Sua oração na terra aciona o poder de Deus no céu.

Você é este alguém no reino de Deus. Suas orações levam Deus a transformar o mundo. Você talvez não entenda o mistério da oração — não precisa entendê-lo. Mas tudo isso está claro: as ações no céu começam quando alguém ora na terra. Que pensamento maravilhoso!

Quando você fala, Jesus ouve.

E quando Jesus ouve, o mundo é transformado.

Tudo porque alguém orou.

CAPÍTULO 8

PELA PERSPECTIVA DE DEUS

Não gostamos de dizer adeus a quem amamos. Mas temos de fazê-lo. Por mais que tentemos evitá-lo, por mais relutantes que estejamos para discutir a questão, a morte é uma parte muito real da vida. No final, todos nós devemos soltar a mão dos que amamos, deixando-os nas mãos daquele que não vimos.

Você consegue se lembrar da primeira vez em que a morte o forçou a dizer adeus? A maioria de nós consegue. Eu consigo. Quando eu estava na terceira série, cheguei da escola, um dia, surpreso ao ver o caminhão de meu pai na entrada de casa. Eu o encontrei em seu banheiro, fazendo a barba.

— Seu tio Buck faleceu hoje — ele disse. A notícia fez com que eu me sentisse triste. Eu gostava do meu tio. Eu não o conhecia bem, mas gostava dele. O acontecimento também me deixou curioso.

No funeral, ouvi palavras do tipo *partiu, passou dessa para melhor, se foi*. Esses eram termos estranhos. Eu me perguntava: *Partiu para onde? Passou dessa para quê? Foi-se por muito tempo?*

Sem dúvida, descobri desde então que não sou o único que tem perguntas sobre a morte. Ouça qualquer discussão sobre a volta de Cristo e alguém perguntará: "Mas e aqueles que já morreram? O que acontece com os cristãos entre a sua morte e a volta de Jesus?".

Ao que parece, a igreja em Tessalônica fez a mesma pergunta. Veja as palavras do apóstolo Paulo para ela em 1 Tessalonicenses: "Irmãos, não queremos que vocês sejam ignorantes quanto aos que dormem, para que não se entristeçam como os outros que não têm esperança" (4:13).

A igreja em Tessalônica já havia enterrado sua parcela de entes queridos. E o apóstolo queria que os membros que restaram estivessem em paz com relação àqueles que se foram. Muitos de vocês já enterraram entes queridos também. E assim como Deus falou com eles, ele fala com vocês.

Se, neste ano, você comemorar o aniversário de casamento sozinho, Deus falará com você.

Se seu filho foi para o céu antes de ir para o jardim de infância, Deus falará com você.

Se você perdeu um ente querido, vítima da violência, se aprendeu mais do que gostaria de saber sobre uma doença, se seus sonhos foram enterrados enquanto o caixão descia à terra, Deus falará com você.

Ele fala com todos nós que ficamos ou ficaremos em pé na terra fofa ao lado de um túmulo aberto. E, para nós, ele dá esta palavra de confiança: "Não queremos que vocês sejam ignorantes quanto aos que dormem, para que não se entristeçam como os outros que não têm esperança. Se cremos que Jesus morreu e ressurgiu, cremos também que Deus trará, mediante Jesus e com ele, aqueles que nele dormiram" (1 Tessalonicenses 4:13,14).

Deus transforma nosso sofrimento desesperado em um sofrimento cheio de esperança. Como? Dizendo que veremos nossos entes queridos novamente.

Não é nisso que queremos acreditar? Desejamos saber que nossos entes queridos estão seguros com a morte. Desejamos a certeza restabelecida de que a alma vai imediatamente ficar com Deus. Mas temos coragem de acreditar nisso? Podemos acreditar nisso? Segundo a Bíblia, podemos.

A Bíblia, surpreendentemente, é reservada com relação a esta fase de nossa vida. Ao falar sobre o período entre a morte e a ressurreição do corpo, a Bíblia não grita; ela apenas sussurra. Mas, na confluência desses sussurros, ouve-se uma voz firme. Essa voz autoritária assegura-nos que, na morte, o cristão imediatamente entra na presença de Deus e desfruta de uma comunhão consciente com o Pai e com aqueles que foram antes dele.

De onde tiro estas idéias? Veja alguns dos sussurros:

> Porque para mim o viver é Cristo e o morrer é lucro. Caso continue vivendo no corpo, terei fruto do meu trabalho. E já não sei o que escolher! Estou pressionado dos dois lados: desejo partir e estar com Cristo, o que é muito melhor. (Filipenses 1:21-23)

A linguagem aqui sugere uma partida imediata da alma após a morte. Os detalhes gramaticais são um pouco entediantes, mas levaram um estudioso a sugerir: "O que Paulo está dizendo aqui é que, no momento em que ele parte ou morre, nesse momento ele está com o Cristo".[1]

Outra dica vem da carta que Paulo escreveu aos coríntios. Talvez você já tenha ouvido a frase "estar ausentes do corpo e habitar com o Senhor". Paulo usou-a pela primeira vez em 2 Coríntios 5:8: "Preferimos estar ausentes do corpo e habitar com o Senhor".

Não gostamos de dizer adeus àqueles a quem amamos. Mas, se o que a Bíblia diz sobre o céu for verdade — e eu creio que seja — então a oração final, a última oração respondida, é o céu.

É justo que choremos, mas não há necessidade de nos desesperarmos. Eles tiveram dor aqui; não têm dor lá. Eles lutaram aqui, não têm lutas lá. Você e eu talvez estejamos curiosos para saber por que Deus os levou para casa; mas eles não estão. Eles entendem. Estão, neste momento, em paz na presença de Deus.

FAZE-O NOVAMENTE, SENHOR

UMA ORAÇÃO PARA OS MOMENTOS DE AFLIÇÃO

QUERIDO SENHOR,

A nossa esperança ainda é a de despertarmos. A nossa esperança ainda é a de abrirmos os olhos sonolentos e pensarmos: *Que sonho horrível. Como isso pôde ter acontecido?*

Estamos tristes, Pai.

E por isso nos achegamos a ti. Não pedimos ajuda a ti; nós a suplicamos. Não pedimos; imploramos. Sabemos o que tu podes fazer. Lemos as histórias. Refletimos nas histórias e agora suplicamos: "Faze-o novamente, Senhor. Faze-o novamente".

Tu te lembras de José? Tu o resgataste do poço. Tu podes fazer o mesmo por nós. Faze-o novamente, Senhor.

Tu te lembras dos hebreus no Egito? Tu protegeste seus filhos contra o anjo da morte. Temos filhos também, Senhor. Faze-o novamente.

E Sara? Tu te lembras de suas orações? Tu as ouviste. Josué? Tu te lembras de seus medos? Tu o inspiraste. E as mulheres no túmulo? Tu ressuscitaste sua esperança. As dúvidas de Tomé? Tu as levaste embora. Faze-o novamente, Senhor. Faze-o novamente.

De cativo, tu transformaste Daniel em um conselheiro do rei. Tomaste Pedro, o pescador, e o fizeste Pedro, o apóstolo. Por causa de ti, Davi deixou de conduzir ovelhas para conduzir exércitos. Faze-o novamente, Senhor, pois precisamos de conselheiros hoje; precisamos de apóstolos; precisamos de líderes. Faze-o novamente, querido Senhor.

Sobretudo, faze novamente o que fizeste no Calvário. O que vimos nesta tragédia, tu viste ali naquela sexta-feira. A inocência acabou. Deus estava sofrendo. Mães estavam chorando. O mal estava dançando. Assim como as sombras caíram sobre nossos filhos, a escuridão caiu sobre o teu Filho. Assim como nosso mundo se despedaçou, o filho da Eternidade foi traspassado.

E, ao anoitecer, a canção mais doce do céu foi o silêncio, enterrado atrás de uma pedra.

Mas tu não hesitaste, ó Senhor. Tu não hesitaste. Depois de seu Filho permanecer por três dias em um buraco escuro, tu rolaste a pedra, bradaste na terra e transformaste a sexta-feira mais escura no domingo mais brilhante. Faze-o novamente, Senhor. Transforma este Calvário em Páscoa.

Obrigado por estas horas de oração.

Que a tua misericórdia seja sobre todos os que sofrem. Concede àqueles que nos conduzem uma sabedoria que vá além de seus anos e experiência. Tem misericórdia das almas que partiram e dos feridos que ficaram. Dá-nos graça para que possamos perdoar e fé para que possamos crer.

E olha com bondade para a tua igreja. Por dois mil anos tu a tens usado para curar um mundo ferido.

Faze-o novamente, Senhor. Faze-o novamente.

Por meio de Cristo, amém.[1]

NOTAS

Capítulo 4: *O bem triunfa*

1. LUTZER, Erwin. *A serpente do paraíso*. Vida, 2ª ed., São Paulo, 1998, 102.
2. Ibid., 111.

Capítulo 5: *O gosto amargo da vingança*

1. MacARTHUR, John. *The Pardon of Prayer*, fita de áudio. Panorama City, Calif.: Word of Grace, 1980.

Capítulo 8: *Pela perspectiva de Deus*

1. HOEKEMA, Anthony. *A Bíblia e o futuro*. Cultura Cristã, São Paulo, 1989, 104.

Faze-o novamente, Senhor: *Uma oração para os momentos de aflição*

1. Adaptado de uma oração escrita para a America Prays, uma vigília de oração pelo país em 15 de setembro de 2001.

Este livro foi composto em fonte Palatino 10.5/17 e impresso pela Gráfica Universal sobre papel Pólen Bold 90g para a Thomas Nelson Brasil em março de 2007.